# Der unbekannte Soldat

Zum Andenken an Bertha von Suttner
Konzept und Musik von Stefan Frankenberger

© Privat

# Stefan Frankenberger

Geboren 1977 in Rosenheim / Oberbayern, lebt seit 1999 in Wien und ist als Musiker, Produzent und Lehrer tätig. Seine Arbeit umfasst Performances, Theatermusik, Pop-, Kinder- und Experimentelle Musik sowie den Entwurf eines europäischen Superschnellbahnnetzes (–> www.studio77.at).

Stets versucht er, die Dinge mit sich selbst und ihren (scheinbaren) Gegenteilen zu konfrontieren. Das Aufdecken der Schattenseiten der Gesellschaft – ob nun schleichende Geldherrschaft, Ausgrenzung des „Anderen" oder die kopflose Hingabe an den Fortschritt – rückt dabei immer mehr in den Vordergrund, ohne jedoch den Optimismus zu vergessen.

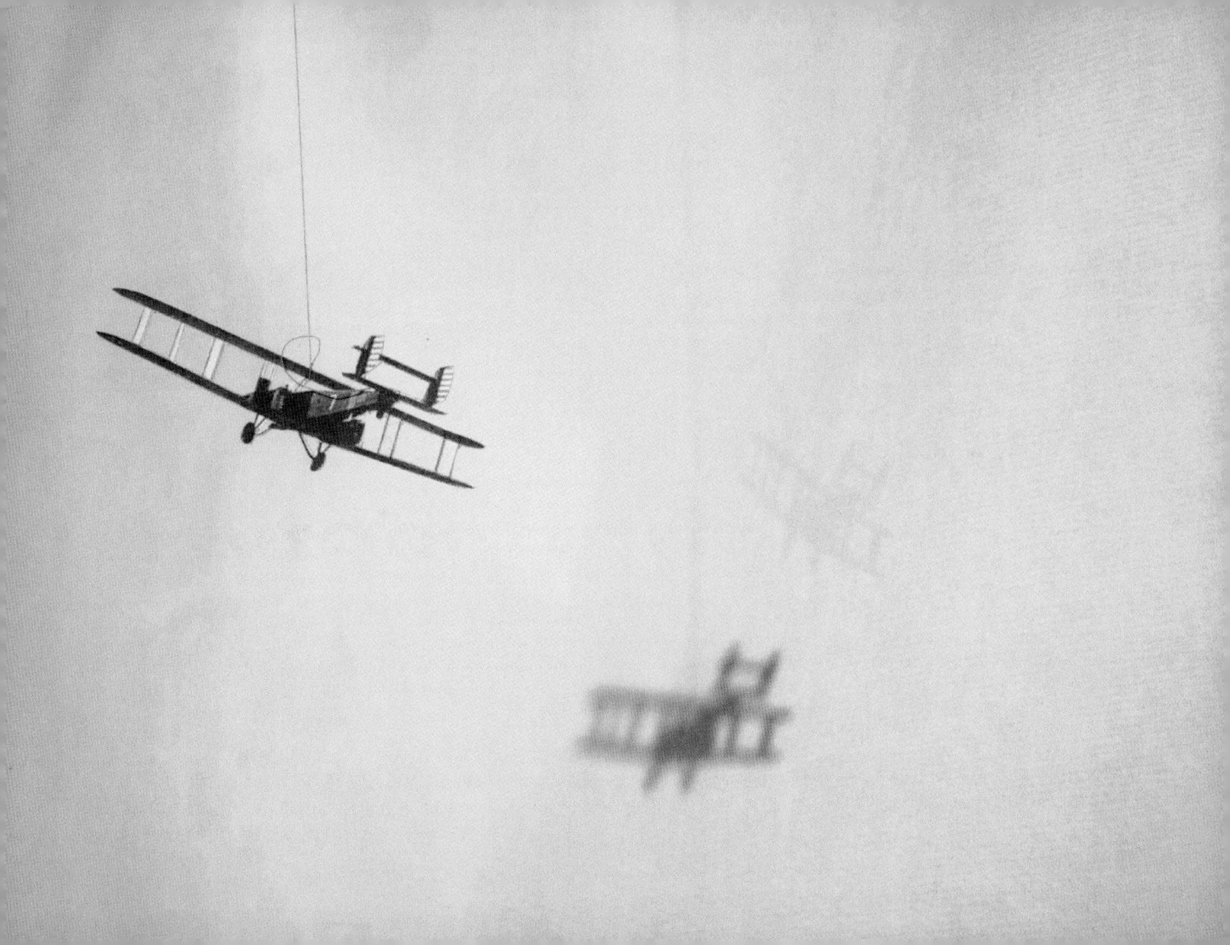

# Vorwort

Dieses Buch geht aus einer Audioinstallation hervor, die ich im Rahmen einer Suttner-Ausstellung vor zwei Jahren an ihrem alten Wohnort in Harmannsdorf gemacht habe. Für diese Chance möchte ich mich endlich bei der Kuratorin Gitti Huck bedanken. Mein Dank gilt auch dem Mono-Verlag für das große Vertrauen. Sie waren es, die nach langer Suche und vielen Wendungen dieses Projekt erst ermöglicht haben, ebenso wie Frau Gabriele Ecker von der Literaturförderung Niederösterreich und natürlich die MitarbeiterInnen der Militärkommandantur St. Pölten. Und überhaupt danke ich allen wunderbaren Mitwirkenden und UnterstützerInnen!
Über die Bedeutung der Protagonistin Bertha von Suttner und des Ersten Weltkrieges hinaus betrachte ich dieses Buch als eigenen Beitrag zur Verständigung der Menschen untereinander und über alle Grenzen hinweg. Gerade in der jüngsten Vergangenheit zeichnen sich in diesem Land und anderswo Tendenzen der Radikalisierung ab, die schon einmal zum Schlimmsten geführt haben. Geschichte wiederholt sich zwar nicht, aber sie reimt sich manchmal, sagt Mark Twain, und so appelliere ich mithilfe dieses Buches an alle Leserinnen und Leser, sich von den Kreidefressern nicht einlullen oder einschüchtern zu lassen, denn unterm Strich wollen sie nur eines: ihren eigenen Vorteil durchsetzen, egal zu wessen Nachteil. Ich möchte an die Mutigen dieser Welt erinnern, an Saviano und Snowden, Pussy Riot und die afghanischen Frauen, die Demonstranten in Kiew und überall, die sich trotz aller Gefahr für Verständigung, Aufklärung und Menschenwürde einsetzen und damit wesentlich mehr Mut beweisen als die sogenannten Mächtigen.

Stefan Frankenberger, Wien im Februar 2014

FÜR GABI, TARA UND – NEUERDINGS – VALENTIN

# Bertha von Suttner

© Privatbesitz Georg Hamann

Bertha Sophia Felicita Baronin von Suttner, geborene Gräfin Kinsky von Wchinitz und Tettau, kam am 9. Juni 1843 als Tochter von Franz Michael Graf Kinsky und Sophie Wilhelmine (geb. von Körner) in Prag zur Welt. Der Vater starb 75-jährig noch vor ihrer Geburt, woraufhin sie mit ihrer Mutter nach Brünn zog. Ausgestattet mit einer komfortablen Aussteuer, waren sie in den folgenden Jahren viel auf Reisen und Bertha nutzte diese Zeit für ausgedehnte Lektüre und umfassendes Selbststudium; schon früh galt sie als sehr intelligent und äußerst wissbegierig. Ambitionierte Heiratspläne wurden ihrerseits alle verworfen, und durch den verschwenderischen Lebensstil der Mutter war auch das Geld bald aufgebraucht, so dass sie sich entgegen jeder adeligen Gepflogenheit eine Arbeit suchen musste. Ihre erste Stelle war die einer Gouvernante im Haushalt des Barons von Suttner in Wien. Sie verliebte sich in den jüngsten Sohn der Familie, Arthur Gundaccar, und bald wurden sie ein heimliches Paar. Als seine Mutter dies erfuhr, musste Bertha das Haus verlassen. Sie nahm auf eine Annonce hin eine Stelle als Privatsekretärin des Industriellen Alfred Nobel in Paris an, mit dem sie zeitlebens eine enge Freund- und Gönnerschaft verband. Doch ihre Sehnsucht nach Arthur war so groß, dass sie nach Wien zurückkehrte. Sie heirateten heimlich und setzten sich nach Georgien ab, wo sie eine Einladung der Fürstin Jekaterina von Mingrelien annahm. Dort angekommen, versuchten sie Fuß zu fassen, was aber angesichts der Umstände nicht einfach war. Nur langsam konnten sie sich durch Journalismus und Schriftstellerei ein halbwegs lohnendes Arbeitsfeld schaffen. Es war jedoch in Georgien, wo sie ihr Weltbild eines modernen bürgerlichen Humanismus entwickelten, dessen zentrale Idee immer mehr der Pazifismus wurde. Als die Familie von Suttner Versöhnung signalisierte, kehrten sie nach 9 Jahren zurück nach Österreich. Dort setzte Bertha ihre Tätigkeit fort und forcierte ihr Engagement für den Frieden. Mit dem Erfolg von *Die Waffen nieder!* gelang ihr 1889 schließlich der Durchbruch. Sie gründete die Österreichische Gesellschaft der Friedensfreunde, knüpfte unzählige Kontakte in alle Welt und war mehrmals für den Friedensnobelpreis nominiert, den sie schließlich 1905 erhielt. Nachdem Arthur 1902 verstorben war, widmete sie sich immer mehr der Friedensarbeit, unternahm Vortragsreisen durch ganz Europa und in die Vereinigten Staaten von Amerika. Bis zuletzt warnte sie eindringlich vor dem kommenden Krieg, doch sie ließ nie von ihrer Vision einer Welt ohne Krieg und ohne Waffen ab. Am 21. Juni 1914, eine Woche vor dem Attentat auf den Thronfolger Franz Ferdinand, starb sie in ihrer Wohnung in Wien.

© Privat

# Maria Enichlmair

Geboren 1969 in Salzburg, hat sie sich in ihrem Buch „Abenteurerin Bertha von Suttner. Die unbekannten Georgien-Jahre 1876–1885" eingehend mit dieser Zeit der Formation beschäftigt. Sie ist Ethnologin und derzeit beim Österreichischen Rundfunk (ORF) tätig.

© Stefan Frankenberger

# Georg Hamann

Geboren 1972 in Wien, ist er als Historiker in der Erwachsenenbildung tätig und befasst sich in unterschiedlichem Rahmen mit Suttners Leben und Wirken (u.a. als Kurator der Ausstellung „Bertha von Suttner. Ein Leben für den Frieden") sowie mit Alfred H. Fried. Im Herbst 2014 erscheint sein Bildband über Suttner.

# Alles über Bertha

Ich traf die beiden spätabends in der legendären ORF-Kantine am Küniglberg, wo wir uns bei Bier und Wein lange über unsere Protagonistin unterhielten und nicht ganz unkontrovers zu vielen Erkenntnissen gelangten.

**Stefan Frankenberger: Liebe Maria, lieber Georg, was fasziniert an Bertha von Suttner?**

**Georg Hamann:** Dass sie für ihre Zeit eine ungeheuer moderne Frau war. Sie hat sehr viele Themen bearbeitet, die auch heute noch aktuell sind, nicht nur den Pazifismus, sondern z. B. auch die Gleichstellung der Frau. Das war damals revolutionär. Aber abgesehen davon war sie einfach eine hochinteressante Persönlichkeit mit unglaublicher Energie, Intelligenz und Tatkraft, mit der sie unbeirrbar den eingeschlagenen Weg verfolgte. Sie, die es viel einfacher hätte haben können, hat sich bewusst für den schwierigen Weg entschieden. Wenn man sich vorstellt, sie war mit Anfang dreißig schon dreimal verlobt, bis sie dann begriff, dass sie sich nicht an einen reichen Mann verkaufen wollte. Das einzige, was ihr damals übrig blieb, war der Weg der Erwerbsarbeit. Für eine geborene Gräfin natürlich unerhört! Sie war sich ihrer Fähigkeiten bewusst und hatte zwei gesunde Arme, warum sollte sie also nicht arbeiten?

**Maria Enichlmair:** Ich kam über die Beschäftigung mit dem Kaukasus zu ihr. Diese Region war zu dieser Zeit exotisch und geheimnisvoll, und ihre Entscheidung, dorthin zu fahren, war absolut unüblich. Mich hat besonders die Frage fasziniert, was sie bewog, dort zu leben. Und je mehr ich mich damit befasst habe, desto mehr hat sich die Materie aufgetan. Schließlich hat sich dort in dieser Abgeschiedenheit ihr Weltbild entwickelt.

**Hamann:** Georgien war ja sogar Kriegsschauplatz des Russisch-Türkischen Krieges. Dieser Krieg war aber interessanterweise keineswegs der Auslöser dafür, dass sich Bertha und Arthur für die Friedensbewegung interessiert haben. Die Beweggründe waren rein intellektueller Art. Ausgehend von den damals kursierenden Theorien – Darwinismus, Sozialismus, etc. – wurde die Konzeption einer Veredelung des Menschen entwickelt, nach der die Menschheit sich laufend optimiert. Das war per se noch kein Pazifismus, sondern eher Philosophie. Die Philosophie des Edelmenschen.

**SF: Sie haben den Pazifismus quasi durch die intellektuelle Hintertür betreten.**

**Enichlmair:** Aus der Lektüre jener Zeit – unzählige neuerschienene und alte Bücher, Zeitungen, Abhandlungen – haben sie sich ihr Gedankenkonstrukt zusammengezimmert. Der Edelmensch, oder Vollmensch war der zentrale Begriff in Suttners Denken damals. In vielen zeitgenössischen Schriften, vor allem Henry Thomas Buckle's History of Civilisation wurde Darwins

Evolutionstheorie auf die Menschheitsgeschichte angewandt und allgemeine Gesetzmäßigkeiten daraus abgeleitet. Daher, folgerte sie, unterliege auch der Mensch solchen Gesetzmäßigkeiten, und er entwickele sich stetig, durch Entledigung seiner Fehler und Mängel, zum Besseren fort. Ihr Mann Arthur von Suttner war übrigens ihr erstes Exempel dieses Edelmenschen. Diese Gedankengänge kann man sehr schön in ihrem in Georgien entstandenen Werk *Inventarium einer Seele* nachvollziehen.
Was sie dabei übersah: auch die schlechten Dinge, z. B. Waffensysteme, würden durch den Fortschritt des Menschen weiterentwickelt.

Hamann: Damals herrschte ein bedingungsloser Fortschrittsglaube – nachzulesen bei vielen damals erfolgreichen Autoren, zum Beispiel Jules Verne oder Karl May –, der fast schon verherrlichende Züge trug. Karl May hatte übrigens 1912 in den Sophiensälen in Wien seinen letzten öffentlichen Auftritt, und in erster Reihe saß damals – Bertha von Suttner.

SF: Adolf Hitler soll ja auch dort gewesen sein.

Hamann: Mit großer Wahrscheinlichkeit, ja. Mit geliehenen Schuhen. Sein großes Idol bewundern. May war da schon längst glühender Pazifist, und nach einem ihrer Redeauftritte in Deutschland schrieb er Bertha von Suttner und bot sich der Friedensbewegung als Aushängeschild an. Davon war sie natürlich hellauf begeistert und sagte, also wenn der berühmte Karl May sich auf unsere Seite stellt, kann es nur noch bergauf gehen! Dass er kurz daraufhin starb ist, konnte sie ja nicht wissen (lacht).

SF: Da haben sie sich aber gegenseitig mit ihrer Anwesenheit geadelt. Sie war ja zu diesem Zeitpunkt schon Nobelpreisträgerin ...

Hamann: … und zu ihrem Lebensende hin eine durchaus bekannte Persönlichkeit.

SF: Wie kann man sich Bertha denn in ihrer Jugend vorstellen?

Enichlmair: Einerseits war sie auf jeden Fall ein Kind ihrer Zeit, sie hat sich wie damals alle jungen Mädchen für Bälle und die Flirts mit jungen Adeligen interessiert. Auf der anderen Seite hat sie sich immer schon auch mit wissenschaftlichen und philosophischen Werken auseinandergesetzt. Sie sprach viele Sprachen fließend und war musikalisch begabt, also rundum gebildet und wohl erzogen. Das hob sie von den anderen jungen Damen ab.

Zugleich hat sie aber stark darunter gelitten, nicht zum Hochadel zu gehören. Dafür waren 16 hochadelige Vorfahren nachzuweisen, und das konnte sie nicht. Sie wurde dadurch stets auch gemieden, fand nie Zugang zu diesen Kreisen. Eine immense Kränkung.

Hamann: Ihr Vater, Franz Joseph Graf Kinsky, stammte zwar aus einem der ältesten Adelsgeschlechter Österreichs, aber die Mutter… Sie war bürgerlich und das war der schwarze Fleck in der Ahnentafel. Als der Vater starb, wurde die Mutter von der väterlichen Familie vollkommen geschnitten und sie war ganz auf sich alleine gestellt, mit der Tochter. Mussten ausziehen, üppig abgefunden und mit Erbteil ausgestattet, und sind nach Brünn übersiedelt. Bertha fühlte sich zeitlebens vom Adel benachteiligt, doch trotzdem ist ihr lebenslanger Hang zu gekrönten Häuptern und Adelsvertretern unübersehbar. Ihre größte Hoffnung der späteren Friedensinitiativen lag immer auf den Dynastien, auf die Kaiserin Elisabeth, dem Fürsten von Monaco und vor allem auf Zar Nikolaus II. von Russland, bei dem sie sich ja komplett verrannt hat.

Enichlmair: Als sie 1905 endlich den Nobelpreis erhielt und sich die Familie Kinsky bei ihr meldete, hätte man annehmen können, dass sie deren Einladung ausschlagen würde. Doch sie nahm sie mit fliegenden Fahnen an und fühlte sich endlich akzeptiert. Andererseits war die Edelmenschen-Theorie für sie deshalb so reizvoll, weil darin nicht die Abstammung zählte, sondern die Leistung.

SF: Der Verstoß aus der adeligen Gesellschaft muss ein enormer Antrieb gewesen zu sein, mehr zu leisten, gerade als Frau, um die Position in der Gesellschaft zu erreichen, die ihr abstammungsmäßig und vom Intellekt her zustand.

Enichlmair: Voller Genugtuung war sie, als sie im Zuge der positiven Rezensionen ihres Buches *Das Maschinenzeitalter* ihr Pseudonym lüftete und sich als Frau zu erkennen gab. Diese Anerkennung, auch seitens der Männerwelt, hat sie sehr glücklich gemacht.

SF: Wie siehst Du als Frau Bertha von Suttners Rolle damals, als Frau?

Enichlmair: Sie war sehr selbstbewusst im Auftreten und Handeln. Ihr Leben war selbstbestimmt und modern. Die Frauenbewegung in Österreich, vor allem die sozialistische, wollte sie zwar nicht dabei haben, weil sie adelig war, aber diese Ablehnung beruhte auf Gegenseitigkeit. Ihr Frauenverständnis ist jedenfalls ihrer Lebenssituation geschuldet. Die Arbeit bei Alfred Nobel zum Beispiel hat sie durch eine Zeitungsannonce erhalten! Für damalige Verhältnisse ungeheuer modern – und dann wieder biederte sie sich den Verhältnissen an.

SF: Eine Femme fatale war sie jedenfalls keine. Vielleicht war sie auch zu wenig radikal?

Hamann: Zu wenig radikal…? Für ihre Gegner, und das waren nicht wenige, war sie radikal genug.
Aber es stimmt schon, sie legte weiterhin immer noch wert auf ein standesgemäßes Leben. Wenn sie sich jedoch als alleinstehende alte Frau der hetzerischen, chauvinistisch-

antisemitischen Grundhaltung im damaligen Kaiserreich, in Deutschland, in ganz Europa entgegenstellte, ist das schon eine Haltung, die man nicht hoch genug würdigen kann.

SF: Das zweifele ich auch nicht an. Aber ihre Methode war nicht revolutionär, wie etwa die von Rosa Luxemburg, die dafür ins Gefängnis ging, und die weit mehr Menschen heute ein Begriff ist.

Hamann: Sie war keine parteipolitische Agitatorin wie die Luxemburg, die dafür ihr Leben riskiert hat, das nicht. Bewegt hat sie aber doch sehr vieles, man bedenke: eine geborene Gräfin entdeckt ihre Sympathie fürs Proletariat und die Arbeit der Sozialdemokratie – was ihr im Übrigen nicht immer gedankt wurde. Wirklich revolutionär-avantgardistisch ist hingegen ihre antiklerikale Haltung.

SF: Für sie war die Kirche gleichgestellt mit Militarismus ...

Hamann: Ihr ausdrücklicher Wunsch war eine Feuerbestattung, die allerdings im katholischen Österreich nicht erlaubt war. Und was macht sie? Sie verfügt, dass sie nach ihrem Tode nach Deutschland überführt und in Gotha angeäschert wird.

SF: Solche Details sind hilfreich, die Person Bertha von Suttner greifbarer, plastischer zu machen und zu verstehen. Wie war ihre Ausstrahlung?

Hamann: Historisch ist das natürlich schwierig zu beantworten. Ich zitiere dazu Suttner selbst: „Die junge Bertha von Suttner war wohl eine ziemliche Null". Ich würde es zwar nicht so harsch formulieren, aber es steckt wohl die Wahrheit drin, dass sie sich rückblickend im Teenager-Alter als gewöhnliches Comtesserl sah. Solche Fragen richtet man aber besser nicht an die Historiker, sondern liest, falls vorhanden, die Memoiren, oder noch besser: die Briefe! Daraus kann eine ganze Persönlichkeit erstehen.

SF: Die Reifung Bertha von Suttners Gedanken fand, das haben wir schon festgestellt, in Georgien statt. Aber zur wirklich Handelnden wurde sie erst, als sie wieder in Europa war.

Enichlmair: Nachdem Arthur angefangen hatte, in Georgien Artikel für die österreichische Presse zu schreiben, dachte sie sich: das kann ich auch, und begann ebenfalls zu schreiben. Anfangs nur triviale Sachen, Liebesgeschichten, etcetera, und sie war damit auch halbwegs erfolgreich; doch langsam, im Zuge der Niederschrift vom Inventarium einer Seele, begann sich eine Theorie herauszuformen, die dann nach der Rückkehr auf die Praxis der internationalen Friedensbewegung stieß.

Hamann: Das muss ein spannender Moment gewesen sein: Unmittelbar nachdem sie sich im kaukasischen Exil das Gedankenkonstrukt eines Pazifismus gebaut haben, in einem Pariser Salon zu erfahren: es gibt eine wahrhaftige internationale Friedensbewegung! Da fanden plötzlich intellektueller Unterbau und die Realität der Friedensbewegung zueinander.

SF: Sie muss sehr glücklich gewesen sein, endlich eine Lebensaufgabe gefunden zu haben, die sie von nun an verfolgen konnte.

Hamann: Sie war ja schon auf dem Weg dorthin. Sie war bereits liberal, antiklerikal, antichauvinistisch, aufgeschlossen gegenüber zeitgenössischer Literatur und Wissenschaft. Es fügte sich, im Rückspiegel der Geschichte, alles perfekt zusammen.

SF: Vielleicht unterstelle ich ihr da etwas, aber man könnte beim Betrachten dieser Entwicklung den Eindruck gewinnen, sie hätte seit dem Moment, als sie von der Friedensbewegung erfahren hat, dieses Tätigkeitsfeld sukzessive ausgebaut, um sich ein Profil zu verschaffen und Anerkennung zu erhalten.

Enichlmair: Ich denke, da war auch sehr viel Zufall im Spiel. Natürlich hat sie schnell gesehen, dass das gut zu ihren soeben gewonnenen Erkenntnissen und innersten Überzeugungen passt.

Hamann: Es war auf jeden Fall keine bewusste Entscheidung für eine Karriere als Friedenskämpferin nach dem Motto: Ah, das hat noch keine Frau davor gemacht, das mach ich jetzt. Sie hätte genauso gut als Autorin Erfolg haben können, vergleichbar in etwa mit Marie von Ebner-Eschenbach. Nicht literarisch, aber erfolgsmäßig. Planmäßiges Vorgehen kann man ihr also nicht unterstellen, aber sie hatte zweifellos ein gutes Gespür für die sich eröffnende Chance, und natürlich hat sie dann in dieser Richtung weitergemacht, alles andere wäre ja dumm gewesen, das war ihr spätestens seit ihrem ersten wirklichen Erfolg mit *Die Waffen nieder!* klar. Sie war so euphorisch in dieser Zeit, überglücklich über diesen Erfolg, den sie als Auftrag betrachtet hat, dies Friedensbotschaft zu verkünden, und sie hat ihn auch gerne angenommen.

Enichlmair: Über dieses Buch sollten wir uns noch unterhalten.

SF: (hat gerade neue Getränke geholt) Die Tassen hoch, die Waffen nieder! Ich muss sagen: wider Erwarten und entgegen aller Warnungen ein sehr erfrischendes Buch. Griffige Charaktere, fast wie ein Hollywood-Drehbuch.

Hamann: Also Dostojewski war es keiner, aber das war ja auch nicht ihre Absicht. Das Besondere dieses Buches ist, dass sich ein Kriegsroman erstmals nicht in der heroischen Darstellung von Schlachten, Vaterlandsliebe und heldenhaftem Tod ergeht, sondern den Krieg so zeigt, wie er ist. Sie hat sich das im Gespräch mit Veteranen sehr genau schildern lassen: Blut, Schmutz, Gestank, Eiter; Sterben und Qualen.

SF: Inwiefern haben ihr diese Schilderungen eine Vorstellung davon geben können, was im Ersten Weltkrieg passieren würde? Sie hat ja eindringlich davor gewarnt.

Hamann: Manches hat sie vorausgesehen, den Luftkrieg zum Beispiel …

Enichlmair: … aber über die Realität des Ersten Weltkrieges wäre sie komplett entsetzt gewesen, was Opferzahlen, Ausdehnung, Geschwindigkeit, Waffentechnik betrifft.

Hamann: Da hat sich der Fortschrittsglaube der Zeit selbst überschlagen. Alfred Nobel, Suttners Gönner, sagte zu ihr, dass seine Erfindung, das Dynamit, dem Krieg eher ein Ende bereiten werde als ihre Friedenskonferenzen. Es sei als Waffe so fürchterlich, dass niemand wagen würde, sie einzusetzen. Welch ein Irrtum!

SF: Ist Bertha von Suttner in dem Wissen gestorben, dass der große Krieg kommen wird?

Hamann: Zweifellos. Angesichts der technischen Aufrüstung konnte sie gar keinen anderen Eindruck bekommen. Aber danach, da war sie überzeugt, würde die Menschheit sicherlich klüger sein. Das hat sie ja alles nicht mehr mitbekommen. Alfred Hermann Fried hingegen, Suttners langjähriger Partner in der Friedensbewegung, hat den Krieg überlebt, und er sagte, es würde noch ein größerer Krieg kommen, und DANN … wird die Menschheit vernünftig geworden sein.

SF: Welche Rolle spielte Fried für ihr Lebenswerk?

Hamann: Er war ihr engster Vertrauter, Publizist, Lektor, Gesinnungsgenosse, Mitkämpfer. Sie sagte über ihn sinngemäß: „wenn ich nicht ein und aus wusste und alle Energie verloren hatte, war er es, der mich anpeitschte wie ein altes Ross."
Man darf nicht vergessen, dass sie zum Ende ihres Lebens hin, als die vielversprechend gestartete Friedensbewegung immer stärkeren Anfeindungen und Niederlagen ausgesetzt war, oft in Melancholie und Depression verfiel; sie hegte bisweilen große Zweifel an der eigenen Arbeit. Fried war in diesen Momenten zur Stelle und sagte ihr: „Die Friedensbewegung braucht Sie!" In den letzten Jahren war er ihre moralische Stütze. Und er hat nach ihrem Tod fast ihre gesamte Hinterlassenschaft übernommen, Korrespondenzen, Schriften, Bibliothek.
Er bekam 1911 übrigens als bisher letzter Österreicher den Friedensnobelpreis, doch niemand weiß das. Da war bereits die Zeit des großen Säbelrasselns angebrochen, wo jeder Fürsprecher der Völkerverständigung als Vaterlandsverräter galt.

SF: Würde Bertha von Suttner heute die gleiche Aufmerksamkeit erhalten wie damals?

Hamann: Ich kann mir trotz aller Reserve gegenüber solchen Was-wäre-wenn-Fragen schon vorstellen, dass sie sich heute intensiv mit den kommunikativ-medialen Mitteln anfreunden und auseinandersetzen würde, um ihr Engagement für den Weltfrieden zu thematisieren und durchzubringen.

SF: Bertha von Suttner als Bloggerin?

Enichlmair: Wie man täglich im Fernsehen sieht, gibt Frieden quotenmäßig nicht viel her. Suttner müsste sich auch heute ziemlich um Reichweite bemühen. In einer Umfrage im Jahr 2000 nach der wichtigsten Frau Österreichs lag sie auf Platz 3, Ingeborg Bachmann auf Platz 2 und auf Platz eins… Annemarie Moser-Pröll. Eine Skifahrerin.

Hamann: Na immerhin nicht drei Skifahrerinnen!

SF: Warum tut sich denn die österreichische Gesellschaft so schwer mit der Erinnerung an Bertha von Suttner? Liegt es daran, dass sie den Roten zu bourgeois-aristokratisch, den Schwarzen zu sehr Frau war?

Hamann: … und zu antiklerikal!

Enichlmair: Frieden ist einfach schwer vermittelbar.

Hamann: Aber nicht nur Bertha von Suttner erfährt diese stiefmütterliche Behandlung. Das geschichtliche Interesse in der Gesellschaft ist einfach generell gering, auch in anderen Ländern.

Enichlmair: Aber schon 1919 wurde in Wien ein Platz nach Bertha von Suttner benannt!

Hamann: Der wurde aber 1938 von den Nazis wieder umbenannt und heute heißt er Rilkeplatz.

SF: Wir behaupten von uns, wir lebten im permanenten Frieden. Man kann die Situation aber auch als einen in viele Einzelschauplätze aufgeteilten globalen Dauerkrieg sehen. An Euch als Historiker gerichtet: Ist Frieden überhaupt möglich?

Enichlmair und Hamann: Nein.

Enichlmair: Allein schon aus wirtschaftlichen Gründen. Neid und Missgunst der Menschen sind auch nicht weniger geworden.

Hamann: Arthur Schnitzler schreibt: „Solange es nur einen Menschen gibt, der am Krieg verdient, wird es welchen geben." Heute geht es auch um ganz elementare Dinge, Wasser zum Beispiel, Ressourcen. Aber man darf die Hoffnung auf Frieden nicht aufgeben!

Enichlmair: Und es muss Menschen geben, die für diese Hoffnung kämpfen.

Wien
Nov. 1904

Immer wieder
und überall:
die Waffen nieder,
Schluß der Qual!

Bertha v. Suttner

# Rainer Maria Rilke: Replik auf »Die Waffen nieder!«

Rainer Maria Rilke, geboren 1875 in Prag, besuchte auf Druck seiner Eltern im Alter von 10 Jahren die Militärrealschule St. Pölten; das Gedicht verfasste er in jungen Jahren, noch unter dem Eindruck der dortigen traumatisierenden Zustände und in starker Anlehnung an damalige Ideale; später wandte er sich von dieser Geisteshaltung ab.

Es galt den edlen Männern aller Zeiten als ihres Strebens schönster höchster Lohn,
fürs Vaterland zu kämpfen und zu streiten als ganzer Mann und als getreuer Sohn.

Und rief die Not sie alle auf zur Wehre – da fehlte keiner in den wackern Reih'n,
sie waren stolz, sich auf dem Feld der Ehre mit Leib und Blut dem Vaterland zu weih'n.

Doch heute sind verhallt die Kampfeslieder, herein bricht eine neue feige Zeit,
erbärmlich murmeln sie: „Die Waffen nieder, genug, genug, wir wollen keinen Streit."

Ist das das Volk, das, wenn Geschütze krachten, im Pulverdampf oft frohen Mutes stand,
und das, stets ungebeugt, in vielen Schlachten der Feinde Scharen siegreich überwand?

Ermannet Euch! Gefährten, Freunde, Brüder, die ihr doch stets das Vaterland geliebt,
Nun merket wohl: „Es gibt kein Waffen nieder, weil's keinen Frieden ohne Waffen giebt!" –

Drum haltet fest den Säbel in der Rechten, laßt nimmer ihn entsinken eurer Hand,
und ruft die Not, dann seid bereit zu fechten, bereit zu sterben für das Vaterland.

© Privat

## Dr. Susanne Jalka

Geboren 1945 in Wien, ist sie eine angesehene und höchst aktive Friedens- und Konfliktforscherin, ausgebildete Psychoanalytikerin und Kinder-, Jugend- und Sexualpsychologin. Nach vielen längeren Auslandsaufenthalten und Wirkungsstätten hat sie sich wieder in ihrer Geburtsstadt niedergelassen, wo sie als Friedenslobbyistin und u.a. an der Universität für Angewandte Kunst als Dozentin und Konfliktberaterin tätig ist.

(Carl A. Sandburg)

# »Stell dir vor, es ist Krieg, und keiner geht hin.«

Achter Wiener Gemeindebezirk, ein unscheinbares Zinshaus, in dem vor allem Diplomaten in teuren möblierten Wohnungen leben. Susanne Jalka empfängt mich dort im Büro für Konfliktkultur (www.konfliktkultur.at) herzlich mit Tee und Kaffee zu einem langen intensiven Gespräch über Frieden und ziemlich alle angrenzenden Themen. Ich werde hinterher als anderer Mensch hinausgehen und das nicht nur, weil wir uns nun duzen.

Stefan Frankenberger: Sehr geehrte Frau Jalka, wir leben in Europa seit 70 Jahren im Frieden. Dennoch fällt es den meisten schwer, Frieden überhaupt zu definieren. Was ist denn Frieden?

Susanne Jalka: Wenn Sie meinen, wir leben seit 70 Jahren im Frieden, dann meinen Sie damit, dass kein Krieg herrscht. Das ist aber nicht gleich Frieden.

SF: Ist Frieden das Gegenteil von Krieg oder ist er mehr?

Jalka: Viel mehr!
Es ist sehr verbreitet zu denken, wir leben im Frieden, weil wir keinen Krieg haben. Und früher war es ja auch so, weil andauernd irgendwo ein Krieg herrscht. Vielleicht nicht immer da, wo man gelebt hat, aber in einem Land in der Nähe. Die alten Kriege waren meist Eroberungskriege; da ging es darum, Land, Menschen und Bodenschätze zu erobern. Und im Grunde ist es heute genau so, nur nennt man es in dem Sinn nicht Krieg. In Wahrheit sind Kolonialismus und Neokolonialismus aber Krieg, nur gehen sie nicht mit Waffen vor, sondern mit Geld.

SF: Vielleicht andersherum gefragt: Was ist denn Krieg?

Jalka: Krieg heißt, jemand anderen zu verletzen, zu töten. Die Eskalation von Gewalt. Dabei ist Konflikteskalation ja am Anfang etwas sehr nützliches, weil sie zeigt, wo es Spannungen gibt und einlädt darüber nachzudenken, worum es in diesen Spannungen geht und wie man miteinander sprechen und zu welchen Entscheidungen man kommen kann, um aus diesem Konflikt zu lernen. Ein gut verarbeiteter Konflikt ist ja eine gewonnene Erkenntnis. Nachher weiß ich mehr über mich und wir über uns. Wenn man das aber nicht macht und die Energie des Konflikts wegdrückt, wächst sie weiter, und irgendwann knallt's. Und dann geht es auf einmal um die Schuldfrage. Du tust etwas, was ich nicht will, und jetzt hörst du damit auf, und wenn du nicht damit aufhörst, dann hau ich dich – oder ich tu etwas, was dich kränkt, blamiere dich oder nehme dir was weg.

SF: Um also auch diesen Begriff zu klären: Krieg ist also wesentlich mehr als Krieg. Wenn man auf der Straße fragt, werden wohl die meisten sagen, es sei eine gewalttätige Auseinandersetzung zwischen Nationen, Blöcken, Religionen...

Jalka: Es gibt aber auch Krieg in der Ehe. In der Partnerschaft, in der Familie. Weihnachten ist die Zeit der intensivsten Familienkriege…

**SF: Weil man sich miteinander konfrontieren muss...**

Jalka: … und weil die Erwartungen so wahnsinnig hoch sind: ich muss dich jetzt lieb haben, obwohl ich dich vielleicht gar nicht lieb habe. Und diese Spannung zwischen Erwartung und Realität bringt die Menschen dazu, dass zu Weihnachten die meiste innerfamiliäre Gewalt passiert. Das ist auch Krieg. Wir sagen in der Konfliktpsychologie, dass die beiden letzten Eskalationsstufen – die Stufen acht und neun – bereits Krieg sind. Und das gilt genauso für die Konflikteskalation zwischen zwei Menschen, in der Familie, in einer Gruppe oder zwischen Nationen. Absolut derselbe Verlauf.

**SF: Vielleicht kann man mit diesem Schema auch leichter verstehen, was Frieden ist. Wenn er denn wesentlich mehr ist als die „Abwesenheit von Krieg“.**

Jalka: Genau! Frieden heißt, diese Spannungen möglichst früh bewusst zu erspüren, bevor es kracht im Gebälk, und sich die Zeit zu nehmen nachzudenken, was mit mir und dem anderen denn los ist, worum es überhaupt geht, und dann eine konstruktive Kommunikation zu führen. Wir versuchen uns zu verständigen, um eine Entscheidung zu treffen, wie wir mit diesen Spannungen umgehen wollen.

**SF: So betrachtet, könnte man doch die derzeitige Situation in Europa als Frieden bezeichnen, weil doch zwischen den beteiligten Nationen ein Klima der Kommunikation und Deeskalation herrscht.**

Jalka: Also… naja. Wir leben in einer Festung Europa. Millionen Menschen, halb verhungert und ohne Aussicht auf ein akzeptables Leben, träumen davon, hierher zu kommen, sie sterben an den Grenzen, und wenn sie überleben, werden sie auf brutalste Art und Weise eingesperrt und dann wieder abgeschoben, damit sie nicht zu uns reinkommen. Das ist auch Krieg. Wie können wir so etwas verantworten? Es wäre doch viel gescheiter, statt Geld in die Frontex (Anm.: „Europäische Agentur für die operative Zusammenarbeit an den Außengrenzen") zu stecken, Geld in die Bildung und lokale wirtschaftliche Entwicklung in den Herkunftsländern zu investieren, damit sie dort bleiben können – sie wollen ja dort bleiben.

**SF: Auf das Thema Bildung und Frieden kommen wir später noch.**

Jalka: Hinzu kommt: Griechenland, Portugal, Spanien, Italien, diese Länder haben einfach eine andere Kultur als wir im Norden – darum fahren wir ja auch gern dorthin in Urlaub. Ihre Kultur geht aber auch anders mit den EU-Richtlinien um. Die Häme über ihre finanzielle Gebarung, diese Überheblichkeit des Nordens, bedeutet nach der Konflikttheorie schon Drohung: Wenn ihr nicht die Sparmaßnahmen durchführt, dann drehen wir euch den Geldhahn zu und schmeißen euch raus. Das ist schon fast Krieg.

SF: Unmittelbar vor dem Ausbruch des Ersten Weltkriegs hat man ja auch gesagt, es herrsche Frieden. Und zu dem Zeitpunkt war dieser auch schon sehr lange: seit 1871 kein größerer Krieg, Wirtschaft, Kultur, persönliche Freiheiten, allgemeiner Wohlstand, alles auf einem sehr hohen Level. Man hat sich sicher gefühlt. Wie kam es dazu, dass sich die damaligen Gesellschaften aus freien Stücken dem Frieden, der ja die Grundlage all dieser Errungenschaften war, entzogen und mit wehenden Fahnen in den Krieg marschierten?

Jalka: Die Macht lag zur damaligen Zeit noch uneingeschränkt beim Militär. Das Militär hat das Leben, die Gesellschaft ganz stark beeinflusst. In jeder Familie, die etwas auf sich hielt, gab es Militärs. Und es wurden in dieser Zeit sehr viele neue Waffen und sogar ganze Waffengattungen – Panzer, U-Boote, Luftstreitkräfte – erfunden und die wollten ja verwendet werden. Noch dazu waren die Machthaber damals – Kaiser, Könige, der Adel – allesamt auch Militärs gewesen. Mit ihrer Macht konnten sie die Menschen und vor allem ihre Soldaten dorthin manipulieren, ihnen in diesen Waffengang zu folgen.

SF: Aber woher kam diese spontane Kriegsgeilheit der Massen, die ja aus heutiger Sicht völlig unverständlich ist?

Jalka: So unverständlich finde ich die gar nicht. Man muss sich nur vorstellen, wie die Menschen damals gelebt haben: Da war ja nichts los! Es gab ja kein Radio, kein TV, keine Telekommunikation, keine Fernreisen, gar nichts. Die Menschen waren auf ihren engsten Lebensraum beschränkt. Und mit Krieg war auf einmal was los. Die jungen Männer, voll mit Hormonen, wollten, dass was passiert. Der Hormonstau junger Männer ist ja sehr deutlich spürbar: es muss jetzt was passieren.

SF: Also Krieg zur Entlastung von Trieben, kanalisiert und instrumentalisiert von Leuten oben, die sagen: wir brauchen euch. Wir geben euch ...

Jalka: … wir machen das ganz schnell, wir hauen denen eines drauf. Also, ich kann das sehr gut nachvollziehen, dass die Leute damals dachten: Ha, jetzt geht es los.

SF: Also jene viel beschriebene Fadesse dieser Tage, die sogar Intellektuelle von der drohenden Verweichlichung sprechen und das nächste Stahlgewitter herbeisehnen ließ.

Jalka: Ich habe das noch von Veteranen des 2. Weltkriegs gehört, die in entlegenen Dörfern aufgewachsen sind, und dann kam endlich der Krieg, sie konnten raus in die weite Welt. Jetzt gibt es was zu erleben, mit den Kameraden, überall gibt's Huren und Eroberung, da kommt man zu Abenteuern. Das war reine Manipulation, genauso wie heute. Die Manipulation ist das wesentliche Element, um die Massen dorthin zu bekommen, wo man sie haben will: kauft dies, glaubt das, marschiert dorthin.

**SF: Nach dem Zweiten Weltkrieg schien die Welt aber doch etwas begriffen zu haben. Es wurden in einer sehr kurzen Zeitspanne viele Instrumente der Verständigung geschaffen und die Einsicht war gereift: Krieg ist die Geißel der Menschheit, die Wurzel allen Übels, die Verneinung der Kultur. Welchen Anteil daran hatten tatsächlich die pazifistischen Bewegungen?**

Jalka: Ich denke, dass die Idee des Pazifismus eine sehr wagemutige war. Pazifistische Ideen gab es vereinzelt schon sehr lange, oft religiös oder philosophisch motiviert, oder auch wirtschaftlich, wie z. B. William Penn, der sagte, der Krieg störe die Geschäfte und nur im Frieden könnten wir ungestört Handel treiben und so unsere Kultur mehren. Im Vergleich zu der erdrückenden Mehrheit, die sagte, Krieg gehöre zur Menschheit, waren das verschwindende Stimmen. Es sind aber immer mehr geworden, wie ein Rinnsal, das zum Fluss heranwächst. Insofern stimme ich Ihnen zu, dass speziell nach 1945 mit dieser Erkenntnis „Nie wieder Krieg!", der Pazifismus sehr stark war. In meiner Jugend war das ganz deutlich spürbar.

**SF: Da waren sich sogar kurz Amerikaner und Russen einig.**

Jalka: Dass zum Beispiel der Marshallplan gegen den Willen vieler Verantwortlicher in den USA trotzdem durchgesetzt wurde, das war schon ein starkes Zeichen der Menschlichkeit.

**SF: Man könnte den Marshallplan aber auch als versteckte Kriegserklärung gegen den „Klassenfeind" UdSSR verstehen.**

Jalka: So musste man es den Falken in der amerikanischen Regierung servieren. Aber es gab schon sehr starke Stimmen für den Versöhnungsgedanken, um nicht schon wieder die Saat für den nächsten Krieg zu legen. Der Versöhnungsgedanke war nach dem Zweiten Weltkrieg ein zentrales Thema.

**SF: Vielleicht ist das der Grund dafür, dass es im Koreakrieg nicht gleich zur nächsten Mega-Eskalation kam.**

Jalka: Absolut. Auch nicht in den Kolonialkriegen oder später im Vietnamkrieg. Nach 1945 hat sich etwas gravierend gewandelt: die Selbstverständlichkeit, dass die Politik von den Militärs gestaltet wird und Krieg darin ein probates Mittel darstellt, ist dem Primat des Geldes in der Politik gewichen. Die Bedeutung des Militarismus wurde eindeutig geschwächt.

**SF: Es waren zwei Transformationsprozesse, einerseits die Wandlung der monarchisch-aristokratischen Gesellschaften in bürgerlich-republikanische und andererseits eben die endgültige Diskreditierung des Militarismus.**

Jalka: Dafür kam etwas ganz anderes: der Neokolonialismus, die Versklavung von Millionen, die für uns für einen Dollar die Woche schuften, ohne Aussicht auf ausreichend zu essen, auf Bildung, auf Würde.

Sie erzeugen alles das, wovon wir im Luxus leben. Das ist genauso schlimm wie damals, als es auch bei uns die Leibeigenschaft gegeben hat, nur sind unsere Leibeigenen heute halt nicht bei uns, sondern in Bangladesch. Insofern kann man nicht sagen, dass wir vom Krieg erlöst sind. Nur ist er nicht mehr so stark vom Militär bestimmt.

SF: Sie befassen sich seit vielen Jahren mit Konflikttheorie. Konflikte zu erkennen und zu lösen ist schon seit einer geraumen Zeit auch Thema in Seminaren, Publikationen, in der öffentlichen Diskussion ...

Jalka: ... ja, warum ist das denn so? (Pause) Weil wir in einer Demokratie leben! In hierarchischen Gesellschaften gibt es nicht viel Spielraum für Konflikte. Man hat dort festgefügte Grenzen, was man darf und was nicht. Überschreitet man diese Grenzen, wird man bestraft.
In Demokratien ist dieser Raum viel flexibler und komplexer. Rechte und Pflichten sind nicht so felsenfest definiert. Die Menschen hier sind geleitet vom Gedanken, dass man tun und lassen kann, was man will. Dadurch entstehen auch viel leichter Konflikte, und die Menschen müssen viel früher und intensiver lernen, wie damit umzugehen ist ...

SF: Meine Frage geht dahin: Gäbe es ein Buch, in dem das Thema Konfliktlösung zwischen Nationen oder Blöcken oder Religionen thematisiert wird, was würden Sie darin lesen oder schreiben wollen?

Jalka: Ich würde das Schwergewicht auf die Entwicklung von Eskalation legen; damit die Menschen lernen, warum und an welchen Schnittstellen sie entsteht und wie man sie verhindern kann.
Zentral ist hier der Begriff der Mediation, also der Vermittlung. Wenn in der Konflikttheorie klar wird, dass die ersten 3 Eskalationsstufen nicht genutzt wurden, um die Konfliktenergie in Erkenntnis umzuwandeln, und es weitergeht auf die Stufen 4–6, dann braucht es eine Vermittlung. In den ersten 3 Stufen sprechen wir von Konfliktpartnern, danach von Konfliktgegnern, und in den letzten drei Stufen sprechen wir tatsächlich von Feinden.
Als solche brauchen sie jemand, der die Versöhnungsarbeit macht. Und das ist das, was der Völkerbund hätte machen sollen und die UN machen sollte, also die Bereiche, in denen solche Organisationen theoretisch tätig sind.

SF: Suttners Pazifismus entstand ja aus dem Gedanken der Veredelung des Menschen, eine Art moralischer Darwinismus, nach dem der Mensch durch „Selektion" und dem Streben nach dem Besseren zu einem guten Menschen wird. Wäre dann nicht das Aussterben des Krieges einfach eine Frage der Zeit?

Jalka: Ich bin keine überzeugte Darwinistin, im Gegensatz zur Suttner und ihrer Zeit, als der Darwinismus aufregend neu und revolutionär war. Sie hat tatsächlich, in ständigem Diskurs mit ihrem Mann, ihre Vorstellung von der Veredelung des Menschen und damit auch ihren Pazifismus aus dem Darwinismus abgeleitet.
Ich bin Psychoanalytikerin und somit eher an Freud angelehnt, der ja schreibt, dass in der Gattungsentwicklung des Menschen ein Zivilisationsfortschritt stattfindet. Er sagt: „Kultur ist Triebverzicht." Zivilisation verlangt also von uns, das Triebhafte durch Über-Ich-Bearbeitung in etwas anderes zu transformieren. Das bedeutet, dass die Urkräfte des Menschen – Aggression, Gewalt – in jedem Menschen enthalten sind, wir aber angehalten sind, diese durch Arbeit an uns selbst umzuwandeln. Das ist schon auch ein Weg zum Pazifismus, aber wir wissen auch, dass „Zivilisation" ganz unterschiedliche Wege geht und ganz unterschiedlich interpretiert wird. Raubtierkapitalismus wird auch von vielen als Zivilisation angesehen, ist aber keineswegs ein Weg zum Pazifismus.

SF: Bertha von Suttner stand wegen ihrer Herkunft als Adelige und Vertreterin einer gewissen Bourgeoisie immer unter Kritik, gerade innerhalb der pazifistischen Bewegung, vor allem in der Zwischenkriegszeit, als sich der sog. radikale Pazifismus herausgebildet hat. Von diesen Pazifisten wurde Bertha von Suttner immer vorgeworfen, ihr organisierter Pazifismus könne nichts ausrichten, er sei ein zahnloser Pazifismus, der wenn nötig nicht zu den Waffen greife, um sich zu wehren oder durchzusetzen. Ein Missverständnis?

Jalka: Ich tu mir da schwer. Ich habe viel darüber nachgedacht, und ich kann mich nicht zu einem radikalen Pazifismus entschließen, der die gesellschaftliche Situation mit Gewalt verändern will. Das einzige, was wirklich was verändern kann, ist meiner Meinung nach die Bildungsarbeit. Aber das ist ja auch bis heute nicht der Fall. Heute ist es immer noch so, dass nur eine Elite denken lernen und sich mit Kultur befassen darf. Die meisten, auch in den Industriestaaten, lernen doch nur, um danach einen Beruf auszuüben. Man bekommt dann ein Zeugnis, und dann darf man dies oder jenes ausüben. Das ist aber lediglich eine Ausbildung zu Fähigkeiten und noch lange nicht Bildung. Bildung heißt, sich mit etwas auseinanderzusetzen, Zusammenhänge zu begreifen, und darin liegt die Hoffnung: Menschen, die sich wirklich fragen, welchen Sinn will ICH denn MEINEM Leben geben?

Die meisten erfüllen lediglich die Erwartungen der Umstehenden – Familie, Dorfgemeinschaft, Religionsgemeinschaft, Staat –, die entscheiden, was man tun soll. Wenn es eine Bildungsarbeit gäbe, die die Menschen darin unterstützt, dass sie das selbstbestimmte Leben in Respekt und Achtung der Gemeinschaft entwickeln können, wäre das der gerade Weg zum Pazifismus. Denn nur ganz wenige wollen wirklich dem anderen eine überm Schädel hauen.

SF: Dann hat aber der Pazifismus ein Kommunikationsproblem, weil er diesen Aspekt zu wenig prononciert auf seine Fahnen schreibt. Pazifismus wird landläufig meist als Friedensliebe und Gewaltverzicht und nicht als aktive Bildungsarbeit aufgefasst. Das wäre ja wesentlich einfacher zu vermitteln. Wer kann das schon nicht wollen?

Jalka: Alle wollen das nicht! Gerade in der Bildungspolitik sehen wir ja gegenwärtig, dass das freie unabhängige Denken nicht erwünscht ist, weder beim Schüler, noch beim Lehrer. Die Politik ist einfach nicht daran interessiert. Selbst die meisten Eltern sind nicht daran interessiert.

SF: Hat ja auch mit der Angst zu tun, irgendwann als Autorität in Frage gestellt und entmachtet zu werden. Letztlich also eine Machtfrage.

Jalka: Genau. Wenn aber das Bildungssystem geändert würde und die Lehrkräfte die tatsächlich UNGLAUBLICHEN Fähigkeiten von Kindern fördern würden, wäre das der Beginn zur Erziehung zum kritischen Denken – und mithin zum Frieden.

SF: Ihr Vater hat am Ersten Weltkrieg teilgenommen. Hat er Ihnen daraus erzählt?

Jalka: Ja, sehr viel. Das war die prägende Erfahrung seiner frühen Erwachsenenjahre. Die Geschehnisse dieses Krieges haben ihn an Gott zweifeln lassen. Der Krieg hat sein Leben verändert. Nach seiner Flucht aus der russischen Kriegsgefangenschaft hat er sich in Wien den Quäkern angeschlossen, in deren Weltbild der Frieden und das soziale Engagement eine zentrale Rolle spielen.

SF: Im Gegensatz dazu war der Krieg aber auch imstande, Menschen zu entmenschen. Eine ganze Generation von Männern – Kriegsteilnehmer oder im Geiste des Krieges Erzogene – wurden durch die Erlebnisse des Krieges mental und emotional auf die nächste Eskalation vorbereitet. Seelische Verwundungen mit verheerender Wirkung.

Jalka: Da sind wir wieder bei Freud: Ist man in der Lage, daraus Erkenntnisse zu gewinnen, kann man mit diesen seelischen Verwundungen anders umgehen und radikalisiert sich nicht. Passiert das nicht, sind die Folgen mitunter wirklich verheerend.

SF: Halten Sie Frieden für möglich?

Jalka: Ja. Für mich persönlich ja. Für die Welt… nein (lacht). Ich finde ja diese Idee, den Weltfrieden zu wollen, wie es die Suttner noch proklamiert hat, für völlig überzogen. Wie kann eine Gruppe von Leuten denn ernsthaft annehmen, den Weltfrieden herzustellen? Das ist unsinnig. Aber ich kann in meinem Leben versuchen, in Frieden zu leben. Natürlich bin ich auch gelegentlich ungeduldig und ärgere mich über jemanden, aber ich bemühe mich, es wieder gutzumachen.

SF: Frieden ist halt Arbeit. Frieden ist mühsam.

Jalka: Mühsam, Sie sagen es! Mühsame Arbeit. Man muss sich wirklich damit auseinandersetzen.

©Walter Wobrazek

# Dr. Herbert Lackner

Jahrgang 1950, ist er Chefredakteur des österreichischen Nachrichtenmagazins profil und ausgewiesener Experte für den Ersten Weltkrieg. Schon im Juli 2013 brachte er ein imposantes Sonderheft über den Krieg heraus, das vielen eher buchfremden Menschen einen sehr guten Einblick in dessen Geschichte geben dürfte.

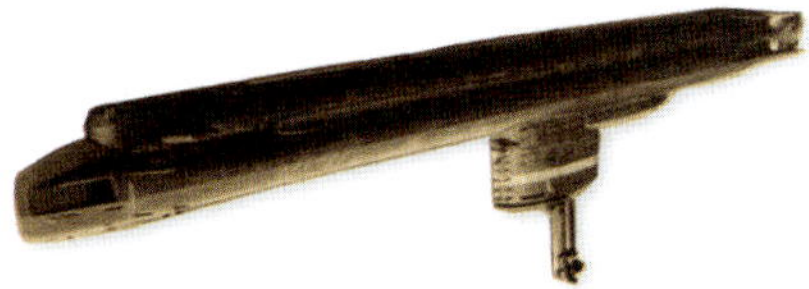

# 1914

Ich traf ihn in der Redaktion des profil am Wiener Donaukanal, dort wo – das ist von da oben gut zu sehen – am Ende des Zweiten Weltkriegs die Front verlief und daher fast kein altes Haus mehr steht.

**Stefan Frankenberger: Sehr geehrter Herr Lackner, wie kann man sich den vielzitierten „Vorabend" des Ersten Weltkriegs vorstellen?**

**Herbert Lackner:** Es herrscht eine fast beängstigende Normalität. Die Bevölkerung bekommt überhaupt nicht mit, was hinter den Kulissen läuft. Während die österreichische Generalität schon auf einen Präventivschlag gegen Serbien drängt, verhandelt in Wien der serbische Außenminister über den Verlauf des Orient-Express und in Berlin weilt der französische Ministerpräsident, um dort in entspannter Atmosphäre zu Abend zu essen, und zur Winterszeit gehen die Leute wie heute Eislaufen. Nur ab und zu blitzt irgendwo – wenn man die Geschichte von hinten liest – ein Wetterleuchten auf.

**SF: Gab es Eingeweihte, die schon ein bisschen mehr sehen konnten, aus welcher Perspektive auch immer? Es gab ja einerseits die Militaristen, die sich den Krieg herbeigesehnt, und andererseits Pazifisten, die vor ihm gewarnt haben.**

**Lackner:** Die Pazifisten waren da schon sehr schwach, weil sie so vereinzelt waren, mit Ausnahme der Sozialdemokraten. Die haben ja noch zwei Jahre vor dem Krieg geschworen, dass nie ein Proletarier auf den anderen einschlagen wird, nach August Bebel hat der Proletarier kein Vaterland, also auch keinen Feind, nur weil der einer anderen Nation angehört!
Sie haben für August 1914 einen großen Kongress anberaumt, für den schon alles vorbereitet war, da brach Ende Juli die Kriegserklärung herein und es änderte sich schlagartig die Richtung: auf einmal waren auch sie im Kriegstaumel oder trauten sich zumindest nicht dagegen aufzustehen.

**SF: Wirtschaft, Kultur und Wohlstand waren damals auf ungeahnte Höhen geklettert...**

**Lackner:** ... für bestimmte Schichten, ja. Es gab sehr hohe Zinsen und Dividenden, das war für Investoren und Aktionäre natürlich ungeheuer profitabel, aber ich bezweifle, dass dieser Wohlstand viele erreicht hat. Zum Beispiel in Wien: das war damals halb so groß, doch es lebten fast vierhunderttausend Menschen mehr hier! Da war der Wohlstand der meisten doch sehr enden wollend.

**SF: Aber unterm Strich war die Armut doch wesentlich geringer und der wirtschaftlich-kulturelle Output viel**

höher als zu allen früheren Zeiten. Wie konnte dann dieser Krieg ausbrechen, der doch diese vielversprechenden Grundlagen zerstörte und sämtliche daran beteiligten Nationen – mit Ausnahme der USA – auf ein Level zurückstufte, das längst überwunden schien?

Lackner: Wenn es ein Element gibt, das sich immer wieder als stärker erweisen sollte als die Ratio, vor allem in der zweiten Hälfte des 19. Jahrhunderts, dann war das der Nationalismus. Der Gedanke des Nationalismus ist ein so durchdringender, dass er alles Vernünftige, auch jeden Gedanken an das eigene Wohl hinwegschwemmt, sonst würden doch nicht so viele Menschen mit Hurra und aufgepflanztem Bajonett in einen Kugelhagel rennen. Da waren ja auch kluge Köpfe darunter: Ich erinnere an Oskar Kokoschka, der sich sogar ein Pferd gekauft und damit als Freiwilliger an die Front geritten ist, wo er auch sogleich verwundet wurde.

SF: Was macht denn den Ersten Weltkrieg zur Urkatastrophe des 20. Jahrhunderts, Europas, der Welt, der Menschheit?

Lackner: Es war der erste Krieg, in dem wirklich die Völker aufeinander losgegangen sind, keine ausgehobenen Heere oder gar Söldner. Und auch nicht auf begrenzten Schlachtfeldern wie etwa in Königgrätz, sondern an vielen Fronten: in den Alpen, in Flandern, in Galizien, und sogar in anderen Teilen der Welt, in den Kolonien. Das war wirklich ein WELTkrieg.
Der zweite Grund dafür sind die fatalen Folgen und die vielen Fehler bei den Friedensverträgen, unter denen dieser geschwächte Kontinent noch lange und so schwer gelitten hat, dass die Saat für eine neue nationalistische Katastrophe gelegt wurde.

SF: Was sind denn die heute noch greifbarsten Konsequenzen des Ersten Weltkriegs?

Lackner: Vor allem die sinnlosen und falschen Grenzziehungen und Gebietszusammenlegungen. Dass zum Beispiel das deutschsprachige Südmähren und Südtirol nicht bei Österreich geblieben sind, das waren gravierende Fehler.

SF: Und die latenten Konsequenzen des Krieges, zum Beispiel der Niedergang der aristokratischen Hierarchien, die ja bis Kriegsende in Deutschland, Russland, Österreich-Ungarn und dem Osmanischen Reich bestimmend waren?

Lackner: Diese Eliten haben sich natürlich schwerst diskreditiert, denn was kann man Schlimmeres tun, als einen Weltkrieg vom Zaun zu brechen? Das war natürlich ein Sündenfall – der historisch auch durch den Untergang der genannten vier Kaiserreiche geahndet wurde.
Faszinierend an diesem Vorgang ist aber vor allem, dass es da zu einem kompletten Austausch der Eliten gekommen ist. Über

Nacht waren alle Machtpositionen im Staat, die ja bis dahin der Aristokratie vorbehalten waren, vakant und mussten neu besetzt werden. Und das hat auch grosso modo gut funktioniert. Die großen Schwierigkeiten der frühen 20er Jahre – Inflation, Arbeitslosigkeit, etc. – waren ja unmittelbare Kriegsfolgen und nicht dem Umstand geschuldet, dass der Adel nicht mehr am Ruder war. Immerhin nur sechs Jahre nach dem Krieg wurden an vielen Orten, zum Beispiel hier in Wien, sozialpolitische Experimente größter Dimension erfolgreich durchgeführt, die auch heute noch im Positiven nachwirken. Da kann man sehen, dass diese neuen republikanischen „Eliten" durchaus etwas zustande gebracht haben.

SF: Ist das singuläre historische Ereignis des Attentats von Sarajevo austauschbar? Sprich, wäre der Krieg sowieso irgendwann ausgebrochen?

Lackner: Auf jeden Fall ja. Die Kriegstreiber waren überall und sie hatten nichts anderes im Sinn als loszuschlagen. Franz Conrad von Hötzendorf, der österreichische Generalstabschef, hat in immer kürzerer Frequenz die Forderung nach einem Präventivschlag erhoben, bei jedem Anlass wollte er den Kaiser dazu überreden.

SF: Es kursiert ja die Vermutung, es hätte eine Verbindung gegeben zwischen der Schwarzen Hand (die serbische Untergrundorganisation, der der Attentäter Gavrilo Princip angehörte, Anm.) und dem österreichischen Generalstab, der ihr über verworrene Kanäle einen Auftrag erteilt hätte, den Thronfolger Franz Ferdinand, der ja ein Kriegsgegner war, zu ermorden.

Lackner: Also wenn Sie dazu ein Dokument finden, machen wir eine Titelgeschichte! (lacht)

SF: Joachim Fest schreibt, dass Adolf Hitler erst durch den Ersten Weltkrieg jene emotionale und inhaltliche Radikalisierung erfahren hat, die ihn später zum Initiator des Zweiten Weltkriegs und des Holocausts werden ließ. Wie muss man sich die Kriegsrealität der Soldaten vorstellen?

Lackner: Diese Theorie von Fest wird durchaus durch Brigitte Hamanns Forschungsergebnisse in ihrem Buch *Hitler in Wien* gestützt. Es gibt keine Anzeichen dafür, dass er in Wien schon in irgendeiner Form radikal oder antisemitisch war. Er war zwar erfüllt vom Schwulst des Romantisch-Völkischen, hat sich Wagner stundenlang in der Oper reingezogen. Das war aber noch kein ausgeprägter Rassismus, das war noch sehr jugendlich-diffus.

SF: Fest beschreibt ihn als typischen Vertreter seiner Zeit. Ideologisch sowie sozial ungebunden, hat ihn erst der Krieg zum glühenden Antisemiten und Totalitaristen geformt. Was muss da in diesem Krieg mit ihm passiert sein?

Ich hab
ANGST
WAR IS
THE

**Lackner:** Wohl das, was in jedem Soldaten in jedem Krieg passiert, eine Brutalisierung und Entmenschlichung, und zwar eine Entmenschlichung des Gegners. Nur so ist man in der Lage, auf den anderen einzustechen und reinzuhauen, das kriegen wir sonst nicht zusammen, zum Glück. Um so einen Krieg führen zu können – im Unterschied zum heutigen Drohnenkrieg – muss man die Soldaten so entmenschlichen. Außerdem herrschte die Legende, vor allem in Deutschland, man sei im Felde ungeschlagen erst durch den Verrat in der Heimat besiegt worden: durch die Sozialdemokraten, die Juden, Kommunisten, wen auch immer, je nach Geschmack. Aber auch die massiven Versäumnisse der Siegermächte, die soeben Christopher Clark in seinem Buch *Die Schlafwandler* thematisiert hat und die die Verhältnisse von außen her radikalisierten, spielen da eine große Rolle.

**SF: Gerade im letzten Jahr ist sehr viel Neues zum Thema Erster Weltkrieg herausgekommen. Auch Sie haben ein ganzes Sonderheft gemacht. Welche sind Ihre Erfahrungen als Journalist: Sind die Menschen noch mit den Ursachen und Umständen des Ersten Weltkrieges vertraut? Kann man sie ihnen noch erklären, wo doch schon so eine lange Zeit vergangen ist?**

**Lackner:** Man kann es ihnen erklären, aber vertraut sind sie damit nicht mehr. Der Zweite Weltkrieg hat den Ersten vollkommen zugedeckt, was die Erinnerung und vor allem die Aufarbeitung betrifft.

**SF: Mit gewissen Mythologisierungstendenzen.**

**Lackner:** Auch das. Der Erste Weltkrieg ist ein Ereignis, das für die meisten im Dunkel der Geschichte verschwunden ist. Es gab viel weniger Zeitzeugen, kaum Filme oder Fotografien. Die Gefechte waren weit weg – das nächste hier von Wien aus war am Isonzo, knapp 500km entfernt. Der Zweite Weltkrieg hingegen fand an der Heimatfront statt, und es gab eine viel bessere historische Aufarbeitung.

**SF: Sehen Sie Parallelen zu heute? Manche verorten in der Gegenwart eine ähnliche Trägheit, Langeweile, ein Verlangen nach Tat wie damals. Oft ist auch die Rede von den Drohkulissen im Südchinesischen Meer (der Streit um die Senkaku-Inseln, Anm.) ...**

**Lackner:** ... Das würde ich nicht so sehen. Man kann Europa 1914 und das Südchinesische Meer 2014 nicht vergleichen. Das ist eine andere Größenordnung.

**SF: Hätte man im Mai 1914 nicht einen ähnlichen Eindruck von Europa haben können, war nicht Serbien eigentlich auch „eine andere Größenordnung"?**

**Lackner:** Aber da hatte es schon zwei Balkankriege gegeben, in denen es um die Hinterlassenschaften des Osmanischen Reiches ging! Bosnien war von Österreich annektiert, die Russen fraternisierten sich mit den Serben, die ganze Region war instabil. Die Situation war akut gefährlich – und dieses Szenario zeichnet sich heute nirgends ab.

SF: Hat die Menschheit denn gelernt? Die zweite Hälfte des 20. Jahrhunderts ist voll von so genannten Stellvertreterkriegen: die USA in Vietnam, die UdSSR in Afghanistan, etc. Die hätten ja alle vollkommen aus dem Ruder laufen können, wenn sich die jeweilig andere Supermacht hätte hineinziehen lassen.

Lackner: Das zeigt auf jeden Fall eine gewisse Lernfähigkeit. Auch wenn man sich den lautlosen Zusammenbruch der Sowjetunion Anfang der Neunziger Jahre vor Augen hält, wo niemand mehr seine Armeen und Panzer ausrücken ließ, kann man schon einen Lernprozess beobachten.

SF: Wie beurteilen Sie den Einfluss pazifistischer Ansätze auf die Friedensordnung nach den beiden Weltkriegen? Hat sich der Pazifismus in der Ideologie der Mächtigen verankert?

Lackner: Nach dem Zweiten Weltkrieg zweifellos ja. Die UN, aber vor allem die deutsch-französische Aussöhnung, die zur Gründung der EWG als gemeinsamen Wirtschaftsraum geführt hat, waren getragen von der Überzeugung, dass so ein Krieg nicht mehr stattfinden darf.

SF: Halten Sie Frieden für möglich?

Lackner: Den muss man ja für möglich halten, sonst verfällt man ja den gleichen Denkmustern wie die Kriegshetzer vor dem Ersten Weltkrieg!

SF: Was ist Frieden, für Sie als Historiker?

Lackner: Jedenfalls nicht nur die Abwesenheit von Krieg. Man kann ja auch anders Krieg führen als mit Waffen. Wirtschaftlich, mit Propaganda, Rechtsmitteln und so weiter. Offiziell herrscht zwar Frieden, aber wirklicher Frieden ist das nicht.

# Wolfgang Petritsch

© Petra Spiola

Jahrgang 1947, wuchs zweisprachig im Südkärntner Dorf Glainach/Glinje auf. Nach Studien in Wien, Ljubljana und Los Angeles war er zwischen 1977 und 1983 Sekretär von Bundeskanzler Bruno Kreisky. Danach auf diplomatischen Posten in New York, Belgrad, Genf, Paris. 1998/99 EU-Sondergesandter für das Kosovo und Chefverhandler bei den Friedenskonferenzen in Rambouillet und Paris. Von 1999 bis 2002 war Petritsch als Hoher Repräsentant Internationaler Zivilverwalter von Bosnien und Herzegowina.

Er ist Träger des Europäischen Menschenrechtspreises 2006 sowie Präsident der Österreichischen Marshallplan-Stiftung und Professor für Internationale Beziehungen in Harvard, USA.

# Spaziergänge durch die Gegenwart

Zum Gespräch lud er mich in seine Wiener Stadtwohnung ein, die weltläufige Ruhe ausstrahlt. Kein Geräusch von draußen, Mitbringsel aus aller Welt und viele Fotos mit diversen Koryphäen der Diplomatie und Weltpolitik, sehr inspirierend. Dementsprechend fruchtbar war auch das kurze, intensive Gespräch.

Stefan Frankenberger: Sehr geehrter Herr Petritsch, Sie waren an mehreren Friedensverhandlungen maßgeblich beteiligt. Was hat Sie am meisten an dieser Arbeit fasziniert?

Wolfgang Petritsch: Die Vermittlung zwischen den Streitparteien, der Prozess der Aussöhnung nach einem Konflikt – sei es ein klassischer Krieg oder ein asymmetrischer Konflikt, wie Bürgerkriege – ist eine unglaublich große und langwierige Herausforderung. Die zentrale Frage lautet: Wie lege ich es an? Welche diplomatischen Mittel setze ich ein, um zuerst zu einem Waffenstillstand zu kommen und schließlich – mittels Friedensvertrag – das Ende des Konfliktes zu erreichen. Erst dann kann man daran gehen, mit dem Staatsaufbau zu beginnen. Die Erfahrung zeigt, dass es nicht sofort zu einem friedlichen Zusammenleben kommt; ein halbwegs korrektes Nebeneinander wäre bereits Fortschritt.

SF: So wie das im ehemaligen Jugoslawien stattgefunden hat, wo Sie ja sehr intensiv an den Friedensverträgen mitgewirkt haben.

Petritsch: Wobei ich mit einzelnen Teilen des Dayton-Vertrages nicht glücklich bin. Die Tatsache zum Beispiel, dass man in Bosnien-Herzegowina eine Verfassung dekretiert hat, hat dazu geführt, dass dieser Staat aufgrund der komplexen Strukturen noch keinen wirklichen Ausgleich gefunden hat, es ist eher ein kalter Frieden. Die jüngsten sozialen Proteste zeigen die Enttäuschung der BürgerInnen über wirtschaftliche Stagnation, Korruption, Arbeitslosigkeit von nahezu 50% und keine Perspektive für die Jugend. Das ist der eigentliche Kern jeder erfolgreichen Intervention.
Es ist jedenfalls das kreative Nachdenken über eine Konfliktbewältigung, was den großen Reiz dieser Aufgabe ausmacht.

SF: Fehlt sie Ihnen?

Petritsch: So faszinierend sie ist, so anstrengend ist sie auch. Da gibt es keine Pause, kein Entspannen. Es ist zwar positiver Stress, weil man dabei sehr viel Positives erreichen kann, aber die Verantwortung ist immens.

SF: Auf Ihrer Homepage schreiben Sie, für eine Militärintervention in Syrien sei es schon lange zu spät. Wann und unter welchen Umständen ist in Ihren Augen eine bewaffnete Intervention überhaupt gerechtfertigt?

**Petritsch:** Das ist einer der wichtigsten Fragen im Zeitalter der Globalisierung: Wie handelt man, wenn in einem Konflikt wie früher in Bosnien und jetzt in Syrien zigtausende Menschen getötet werden? Man könnte dabei eine absolut-pazifistische Position einnehmen und sagen: Niemals mit Waffen. Das war anfangs auch immer meine Grundhaltung, aber ich musste lernen. Welche Optionen gibt es, wenn das Wort nicht mehr ankommt, wenn die politischen, ökonomischen oder diplomatischen Möglichkeiten nicht mehr ausreichen? Es gibt auch die Position, man müsse Konflikte „ausbluten" lassen. Ich halte das für zutiefst unmoralisch und menschenverachtend. Ein Eingreifen von außen stellt jedoch stets ein fast unlösbares Dilemma dar.

Als wir 1999 in den Verhandlungen über den Kosovo zu guten Ergebnissen gekommen waren, die aber vom damaligen serbischen Präsidenten Milošević abgelehnt wurden, kam durch die NATO ein Automatismus in Gang, der für uns Unterhändler äußerst schmerzhaft war. Das war der schlimmste Augenblick meiner Karriere. Wir waren in Belgrad und richteten weitere lastminute-Angebote an Miloševic, die er aber alle ausschlug. Tatenlos mussten wir die Eskalation mitansehen und ich habe nach dem amerikanischen und dem russischen Verhandler als letzter wenige Stunden vor Beginn der NATO-Intervention Belgrad verlassen. Miloševic wollte einfach nicht mehr mit uns reden. Diktatoren ticken einfach anders.

**SF: Ich habe noch keinen kennen gelernt.**

**Petritsch:** Seien Sie froh, das war kein angenehmer Zeitgenosse. Für ihn ging es ums politische Überleben und sein Kalkül war: Wenn die NATO Jugoslawien bombardiert, stehe ich als Held da. Das hat auch eine zeitlang funktioniert. Aber ein Jahr später wurde er von den Massen aus seinem Amt vertrieben.

**SF: Dieses Verhalten lässt sich sicher auch auf andere übertragen. Assad zum Beispiel.**

**Petritsch:** Im Syrien-Konflikt ist klar: da wird eine Mehrheit von einer Minderheit unterdrückt; es begann als sozialer Protest gegen Armut und Unterdrückung. Die Reaktion Assads war der Schießbefehl. Das ist ein autoritäres, mörderisches Regime, das die Bürgerinnen und Bürger verachtet. Diese Erkenntnis hätte von Beginn an zum Anlass robuster diplomatischer Aktivitäten in UNO, Arabischer Liga etc. genommen werden müssen, um das Töten frühzeitig zu stoppen. Das mag naiv klingen, aber man muss eine Friedensvision haben ehe man eingreift, sonst bewegt man auch in der Realität nichts!
Entscheidend für die Frage nach einer Intervention sind letztlich die Mittel und rasches Handeln: als Assad mit dem systematischen Töten seiner Buerger begann, hätte man gemeinsam mit Russland no-fly Zonen über Syrien errichten müssen. Dies hat z. B. im Irak die Kurden vor der Vernichtung gerettet. Rückblickend hätte man auf diese Weise viele zivile Opfer vermeiden können. Mit der Zeit wurde der Konflikt immer komplexer und bald war es für jedes Eingreifen zu spät.

**SF: Das ist ja auch die Herangehensweise der Konflikttheorie, nach der die ersten Eskalationsstufen von den Konfliktpartnern noch dafür genutzt werden können, den Konflikt selbst zu lösen.**

Petritsch: Wenn Europa nach dem Zweiten Weltkrieg etwas gelernt hat, dann genau das. Beherzte Politiker haben damals ein für allemal Schluss gemacht mit dem Krieg als politische Waffe; daher das „Friedensprojekt EU" Der historische Abstieg Europas hängt damit zusammen, dass wir uns einen 30-jährigen Bürgerkrieg von 1914-45 geleistet haben. Mit der radikalen Kehrtwende hin zum Friedensprojekt Europa gelang uns aber im Gegenzug die praktische Ächtung des Krieges. Die Jugend verliert zwar peu à peu das Gefühl für den Wert dieser unschätzbaren Errungenschaft, weil sie bereits im Frieden groß geworden ist und den Krieg nicht mehr kennt. Positiv ist, dass die Metapher Krieg aus den Köpfen der meisten Europäer verschwunden ist.

Gerade 2014 ist ein guter Anlass, sich die Sprache der Politik, der Medien und des Durchschnittsbürgers vom Beginn des 20. Jahrhunderts zu vergegenwärtigen. Da herrscht eine durchwegs bellizistische Sprache, ein veritabler Krieg mit Worten, und so nimmt es nicht Wunder, dass es irgendwann tatsächlich zum Krieg kam.

**SF: Hat der Zweite „Dreißigjährige Krieg" also den Europäern den Militarismus ausgetrieben?**

Petritsch: Ich mache durch meine derzeitige Tätigkeit in Harvard eine interessante Beobachtung: Für die Amerikaner ist Waffeneinsatz nach wie vor ein legitimes Mittel zur Lösung von Konflikten. Die Europäer werden in ihrer Friedensliebe, ihrer Skepsis gegenüber miltärischen „Lösungen" oft belächelt und als Weicheier betrachtet (lacht). Meinen US-Freunden sag ich dann: Das habt ihr uns beigebracht! Das erfolgreichste Umerziehungsprojekt ist den USA nach 1945 in Deutschland gelungen. Damit erst war die Voraussetzung für die europäische Einigung gegeben. Diese amerikanische „smart power" ist zum Vorbild für die EU geworden: man kann Konflikte auch anders lösen.

**SF: Bisher fehlte den Amerikanern die Notwendigkeit zu dieser Erkenntnis. Sie sitzen auf ihrem Riesenkontinent fast alleine und mussten sich dort nie mit anderen Nationen herumschlagen. Vielleicht ändert sich das jetzt mit der heranbrechenden multilateralen Welt, wo Chinesen, Brasilianer, Russen, Inder, Europäer auch mitreden wollen. Vielleicht werden jetzt alle mehr zum Konsens gezwungen.**

Petritsch: Das ist ein wichtiger Punkt. Die Konfliktsituation verlagert sich immer mehr von der politisch-militärischen auf die ökonomische Sphäre, was in Folge zu einem militärischen Konflikt eskalieren könnte, wie wir das jetzt im Südchinesischen Meer sehen, wo wegen ein paar Felsen die großen Drohkulissen hochgezogen werden. Da müsste Europa als

friedlicher Vermittler selbstbewusst seine Erfahrung der friedlichen Konfliktbewältigung anbieten.
Gerade unser Modell des Wohlfahrtsstaats trägt dazu bei, dass Frieden gesichert wird. Denn letztendlich, das sehen wir im Syrien-Konflikt, das sehen wir in Bosnien und in der Ukraine, sind es stets soziale Beweggründe, die die Leute auf die Straße treiben. In Demokratien wird solchen Protesten auf politischem Weg begegnet, nicht mit Gewalt. Dieses Modell macht Europa so attraktiv – für Außenstehende mehr sogar als für seine Bewohner, für sie ist es ja zur täglichen Normalität geworden; und das ist gut so. Wir dürfen freilich die Möglichkeiten und Grenzen unseres Lebensmodells nicht aus den Augen verlieren. Die großen Herausforderungen – steigende soziale Ungleichheit, Arbeitslosigkeit, Finanzkrisen, alternde Gesellschaften, Migration – dürfen nicht übersehen werden. Hier muss fair und den Ausgleich suchend nachjustiert werden, damit das Modell als Ganzes weiterbestehen kann.

**SF: Sehen Sie Europa in 20 oder 30 Jahren geschlossen als außen- und militärpolitische Einheit auftreten?**

**Petritsch:** Militärisch wohl zuletzt, und das ist mir auch ganz recht so… aber auch das Militär gehört zu einem zukünftigen Europa dazu. Nur muss es viel entschiedener in den Dienst der Friedensarbeit gestellt werden, so wie dies bereits in der UNO in Ansätzen gelingt. Ich rede aber jeder Entmilitarisierung des politischen Handelns das Wort. Dem Rückfall in überholtes Denken muss entschieden entgegengetreten werden.

Staaten, Menschen, ändern sich – nicht immer zum Guten, wie so manche Beispiele selbst in der EU heute zeigen. Das Gedenken an den Ausbruch des Ersten Weltkrieges soll uns daran gemahnen, dass dies gleichsam über Nacht umschlagen kann.

**SF: Was ist aus der Sicht der Diplomatie damals 1914 falsch gelaufen?**

**Petritsch:** Vieles, und die Antwort darauf ist sehr komplex. Doch vor allem war die Bereitschaft, einen Krieg zu verhindern, allseits sehr gering. Der Frieden wurde nicht vehement genug verteidigt, auch nicht von jenen, die durchaus friedlich eingestellt waren. Es war wohl so etwas wie eine „acceleration of history", eine Beschleunigung des Destruktiven.
Die Hauptverantwortung fällt jedoch zweifellos den politischen Eliten der beteiligten Länder zu. Zu allem nationalistisch-militaristischen Überfluss haben alle Entscheidungsträger die schrecklichen Folgen moderner Kriege nicht vorausgesehen. Man dachte in Kategorien des 19. Jahrhunderts mit Schlachten wie Koeniggrätz oder Sedan. Heute weiß man, dass der jeweils nächste Krieg alle vorangegangenen in den Schatten stellt. Daher ist gelebter Pazifismus so wichtig.
Das Beispiel Kubakrise von 1963 zeigt jedoch, dass aus der Vergangenheit auch gelernt wird. Die atomare Bedrohung war so immens, dass damals die Verantwortlichen Kennedy und Chruschtschow gemeinsam die nukleare Vernichtung Europas verhindert haben; denn die Atombomben wären auf Europa gefallen.

**SF: Von Kennedy weiß man, dass er während der Kubakrise ein Buch über den Ersten Weltkrieg gelesen hat.**

**Petritsch:** Kennedy hatte erfahrene Berater, u.a. den Historiker Arthur Schlesinger. Zentral war jedoch Kennedys Fähigkeit, sich in seinen Gegenspieler hineinzudenken: In der Konflikttheorie wird dies als Empathie bezeichnet. Sein Ansatz war zu ergründen, warum Chruschtschow auf diesen destruktiven Konflikt zusteuert und wie man dem Sowjetführer entgegenkommen kann. Chruschtschow seinerseits hat den jungen Kennedy erstmals in Wien getroffen und ihn als politischen Novizen wahrgenommen. Das hat sich aber rasch geändert und zum guten Ende beigetragen.
Heute ist die atomare Bedrohung einerseits größer, gewachsen sind aber auch Kontrolle und Verantwortung. Die Herausforderungen unserer Zeit sind die sog. asymmetrischen Konflikte, die aber unversehens auch eine Dimension der Massenvernichtung annehmen können, denken Sie nur an die Atommächte Pakistan oder im Nahen Osten. Deswegen muss Abrüstung nach wie vor Priorität haben. Die wahren Massenvernichtungswaffen, mit den meisten Opfern weltweit, sind übrigens die Kleinwaffen. Da muss noch viel geschehen.

**SF: Wo sehen Sie heute die größten Gefahrenherde? Sie haben vorher das Südchinesische Meer erwähnt.**

**Petritsch:** Ich sehe weniger die Gefahr in den traditionellen Sicherheitsbereichen, da gibt es bereits viele Verträge und Vereinbarungen, und die Verantwortlichkeiten werden großteils eingehalten. Die großen globalen Herausforderungen sehe ich vielmehr in den nicht-traditionellen Herausforderungen wie Klimawandel, globale Migrationsströme, wo eine sehr hohe soziale Dynamik entstehen kann. Ich habe vor ein paar Jahren im Auftrag meiner Regierung die Staaten des Südpazifik besucht. Der steigende Meeresspiegel bedroht dort Staaten wie Kiribati, die bloß einen Meter aus dem Wasser herausragen. Der Präsident hat mir gesagt, dass er seine Bürger auf eine Umsiedlung nach Australien oder Neuseeland vorbereiten muss, da er bezweifelt, dass es die großen Staaten ernst meinen mit ihrem Kampf gegen den Klimawandel. Konflikte um Wasserressourcen sind ein weiteres Beispiel für völlig neue Bedrohungsszenarien. Da hilft nur globale Zusammenarbeit.

**SF: Sehen Sie den globalisierten Handel mit seinem beinharten Preiskampf, den Spekulationen um Nahrungsmittel und die massenhafte Ausbeutung von Billigarbeitern schon als latenten Krieg? Einen Krieg jeder gegen jeden?**

**Petritsch:** Jedenfalls muss man den Begriff des Krieges wesentlich weiter fassen als bisher. Nicht so inflationär wie die Amerikaner mit war on poverty, on terror, on drugs, etc. Man muss begreifen, dass die Auswirkungen sozialer Ungerechtigkeit von den Betroffenen subjektiv als Kriegssituation erlebt werden. Ich denke da an die schrecklichen Arbeitsbedingungen in den Fabriken in Bangladesh. Wenn wir als Konsumenten

WAR IS
NOT
THE

nichts dagegen unternehmen, keinen fairen Handel zulassen, können solche Missstände durchaus zu größeren Konflikten führen. Scheint heute unvorstellbar, aber 1913 war Krieg – aus zum Teil anderen Gründen – auch nicht vorstellbar. Damals wähnte man sich durch die internationale Vernetzung des Handels und die Verwandtschaft der Herrscherhäuser miteinander vor einem Krieg sicher. Heute ist eine nüchterne Analyse notwendig, wo sind mögliche Triggermechanismen. Ich wiederhole mich, wenn ich auf die gigantischen Herausforderungen im Bereich Klima, Wasser, Ernährung, Demographie, Migration hinweise. Dies könnte in Verbindung mit der steigenden sozialen Ungleichheit rund um den Globus zu einem sehr giftigen Cocktail werden, wo die bisherige Politik nicht mehr ausreicht. Die sträfliche Hilflosigkeit der Europäischen Union an ihren Südgrenzen, wo das Mittelmeer zu einem Wassergrab für tausende Menschen wird, ist ein Trauerspiel, für das werden wir uns in einigen Jahrzehnten bitter schämen.

SF: Ein veritabler Krieg...

Petritsch: Natürlich! Was wird da gemacht? Man verweigert Verzweifelten Hilfe. Frontex (Anm.: die „Europäische Agentur für die operative Zusammenarbeit an den Außengrenzen") ist dazu da, die „Festung Europa" gegen Ertrinkende zu verteidigen, hier fehlt ein Mindestmaß an humanem Verständnis. Naturgemäß kann Europa nicht alles Elend der Welt beherbergen. Es müssen in den ärmsten Ländern bessere Lebensbedingungen – Arbeit, Schulen, Gesundheit – geschaffen werden. Die Menschen verlassen ihre Heimat doch nicht freiwillig...

SF: Womit wir wieder bei der Bildung sind.

Petritsch: Absolut, Bildung ist Voraussetzung für eine Verbesserungen der politischen und wirtschaftlichen Umstände. Die EU ist der größte Financier in der Entwicklungszusammenarbeit; damit die Grundbedürfnisse zu befriedigen müsste doch gelingen! DAS wäre wahre Friedenssicherung. Die Experten in der EU wissen das ja alles längst, aber bis das tatsächlich auch in Politik übergeht, dauert es sehr lange.

SF: Warum spielten diese Aspekte bei den letzten großen Interventionen so eine geringe Rolle? Wäre das afghanische Desaster nicht vermeidbar gewesen, wenn man parallel zu den Kämpfen gegen Al-Qaida auch auf Bildung gesetzt hätte?

Petritsch: Solche Maßnahmen gab es, aber nur punktuell. Man muss den jeweiligen kulturell-zivilisatorischen Background der Gesellschaft ernst nehmen. Solche Maßnahmen sind nur à la longue erfolgreich, doch unser modernes Denken ist kurzfristig.
Das größte Versäumnis während meiner Zeit in Bosnien-Herzegowina war und ist es immer noch, dort eine grundlegende Bildungsreform durchzuführen. Immer noch gibt es dort ein „balkanisches Apartheidsystem". Getrennte Klassen für

serbische, bosniakische, kroatische Kinder, ein Wahnsinn. Ich bekam dafür aus Brüssel und Washington einfach zu wenig Unterstützung, politisch und finanziell. Daran hat sich bis heute nichts geändert. Häuser, Strassen, Brücken wieder aufbauen, die materielle Infrastruktur reparieren, das alles war möglich. Aber ein Bildungssystem zu reparieren, dessen positives Ergebnis erst nach vielen Jahren sichtbar wird, das ging nicht. Gemeinsam zu lernen, das ist doch das höchste Gut in einer vernetzten Welt. Da wurde in Bosnien zu sehr auf Sicherheit und zu wenig auf Bildung gesetzt.

In Afghanistan wird das natürlich noch unendlich länger dauern. Noch bevor dort alle Mädchen in die Schule werden gehen dürfen, sind vermutlich, das steht zu befürchten, schon wieder die Taliban an der Macht und stellen die alten Verhältnisse wieder her. Das ist schrecklich für die Betroffenen, doch viele fügen sich dem, weil sie bedingt durch die gesellschaftlich-infrastrukturellen Gegebenheiten von der Intervention auch nichts mitbekommen haben. Um diesen Rückfall zu vermeiden, wäre es gut gewesen, wenn man diese Strukturen in bestimmten Bereichen wie Gleichberechtigung und Bildung nachhaltiger verändert hätte. Das muss der wichtigste Aspekt eines solchen Eingreifens in die inneren Verhältnisse eines gescheiterten Staates sein.

SF: Ist es nicht vermessen, als westliche Macht mitunter gewaltsam in so ein System einzudringen, um es zu „verbessern“? Man könnte sich genauso gut der Angelegenheit entziehen und gewissermaßen den Standpunkt der Nichteinmischung annehmen.

Petritsch: Das Ausloten der Grenzen einer Intervention ist entscheidend und ein unlösbares Dilemma. Sensibles Vorgehen, eine lange Zeitachse sind Voraussetzung um bloß ein Minimum zu erreichen. Veränderung muss von innen kommen. Oft stoßen Reformen auf sehr viel Widerstand, dennoch muss es immer wieder versucht werden, wie etwa im Fall afghanischer Mädchen. Von außen kann nur sehr wenig verändert werden, es muss zu lokalen Partnerschaften kommen, NGOs sind da oft besser als Staaten. Das Prinzip der ownership kann da hilfreich sein, weil man sagt: wir können euch helfen und unterstützen, aber es ist euer Land, und ihr müsst wissen, was ihr aus diesem Land machen wollt. Das ist in traditionellen Gesellschaften freilich schwierig und bedarf besonderer Rücksichtnahme.

SF: Ich nehme Sie in all den angesprochenen Themen als realistischen Optimisten wahr. Pauschal gefragt: Welche Chance geben Sie dem Frieden?

Petritsch: Die Finanz- und Wirtschaftskrise von 2008 hat gezeigt, wo die Grenzen des Kapitalismus sind. Sie ist nichts anderes als ein großer Paradigmenwechsel in den saturierten Wohlstandsgesellschaften, deren Motor der Materialismus ist. In der Vergangenheit hat es in solch elementaren Krisensituationen fast immer Krieg gegeben. Wir müssen nun viel tiefgreifender nachdenken, wie man die positiven Elemente unseres Gesellschaftsmodells fortentwickelt. Gerechtigkeit ist hier der zentrale Begriff, eine gerechtere Verteilung materieller Güter und Lebenschancen, auf allen Ebenen.

SF: Halten Sie die Menschheit für lernfähig?

Petritsch: Schon. Ein Beispiel aus meinem persönlichen Umfeld: Ich komme aus dem slowenisch-sprachigen Teil Kärntens, bin 1967 vor den herrschenden Zuständen nach Wien ausgewichen. Doch wenn ich heute zurückkomme, ist das Meiste von dieser alltäglichen Gehässigkeit weg. Meine eigene Beklemmung, die ich in meiner Schulzeit in Klagenfurt verspürt habe, ist weitgehend verschwunden und überwunden. Dazu haben die besseren Bildungschancen für die slowenische Volksgruppe – insbesondere das Slowenische Gymnasium – Entscheidendes beigetragen. Wie Sie sehen, zieht sich Bildung wie ein roter Faden durch meine Antworten.

Schließlich hat der Kompromiss in der Ortstafelfrage die Lage in meiner Heimat weiter entspannt. Oder nehmen wir Österreich: der Unterschied zwischen Erster und Zweiter Republik könnte größer nicht sein. Achtzig Jahre nach dem kurzen Bürgerkrieg hat Österreich zu sich gefunden, wenn-gleich ich nicht die Gefahren von Rechts kleinreden möchte. Freilich könnte sich unser Land – eines der reichsten weltweit – mehr Empathie für die „Verdammten dieser Welt", um das Buch von Frantz Fanon zu zitieren, leisten.

Oder Europa, vor 1945 und danach. Da sieht man, was alles möglich ist, wie aus dem einstigen Kriegskontinent eine Zone weitgehenden Friedens geworden ist. Das ist der aufklärerische Impetus, den ich für mich gleichsam zur Maxime erhoben habe: Ich glaube daran, dass der Mensch sich ändern kann, lernen kann, wenngleich ich Grenzen sehe. Der Fortschritt ist eine Schnecke, aber man darf nicht aufhören, an ihm zu arbeiten. In der Politik geht es um das Bohren sehr dicker Bretter, Kompromisse sind oft schwierig und enttäuschend, gelegentlich auch faul. Letztlich ist jedoch der Ausgleich konkurrierender Interessen der einzige Weg des homo sapiens.

SF: Bertha von Suttners Hoffnung geht dorthin, dass die menschliche Vernunft den Krieg irgendwann unmöglich macht.

Petritsch: Kriege wird es – fürchte ich – immer geben. Entscheidend ist, ihn im Denken der Menschen, in der Politik, auf allen Ebenen zu delegitimieren. Man muss den Frieden schützen, und wenn es sein muss, dann eben auch mit militärischen Mitteln, so sehr ich das bedaure. Man muss sich im Klaren sein: Militärische Lösungen dürfen nur „the very very last resort" sein. Die internationalen Organisationen wie die UNO müssen gestärkt werden; internationale Finanzinstitutionen haben für die Ärmsten da zu sein; die WTO (die Welthandelsorganisation, Anm.) als Kommunikationsplattform des Welthandels muss sich als Regulator unfairer Praktiken bewähren, um Ungleichheiten auf diesem Sektor abzubauen und den

Menschen die Chance zu geben, selbst für ihren Lebensunterhalt zu sorgen. Dann wird es weniger Migration geben und zu einem Abbau globaler Spannungen kommen. Marginaler Verzicht unsererseits würde in diesem historischen Ausgleich zwischen Arm und Reich zu beiderseitigem Gewinn führen. Dieser Denkweise des Miteinanders sollten wir gemeinsam zum Durchbruch verhelfen. Geben wir dem Frieden eine Chance.

# Nachwort

Oft habe ich mich gefragt, wer ich gewesen wäre, wenn. Zu anderen Zeiten, anderen Umständen, mit anderen Möglichkeiten. Und dann begreife ich, dass das die Gegenwart ist: Wer wäre ich, wenn…

… ich am Kiewer Maidan stünde,

… in Aleppo,

… im Südsudan,

… in Athen, Rio, Dhaka etc.,

… im Alter von 5, 10, 20, 50, 70 Jahren,

… als Bauer, Angestellter, Flüchtling?

Die Welt ist vielfältig und einfältig sind diejenigen, die sich sicher glauben, sich zurücklehnen und sagen: „Das geht mich alles nichts an."

Die Zusammenhänge sind zu verstrickt, wir stehen in Wahrheit überall mit dabei, denn unsere eigene Menschenwürde steht an all diesen Orten ebenfalls auf dem Spiel und muss verteidigt werden. Das Wissen um diese Solidarität gegen die egoistischen Mächte, ob Banken, Regime oder die blanke Unvernunft, macht sie stärker; doch fehlt sie, dann reißt ihre Mauer ein, und die Egoisten erringen einen weiteren Sieg und fühlen sich in ihrem Tun bestätigt. Damit möchte ich mich nicht abfinden.

# Impressum

Gefördert durch
das Land Niederösterreich
Bundeskanzleramt Abteilung II/5 – Literatur und Verlagswesen
Kulturabteilung der Stadt Wien (MA 7)

KULTUR NIEDERÖSTERREICH
WIEN KULTUR



**Satz und Gestaltung:** Agentur WE ARE INDEED, München – www.weareindeed.com
**Konzept und Musik:** Stefan Frankenberger
**Illustrationen/Fotos:** Verena Hochleitner
**Druck und Bindung:** Theiss GmbH, St. Stefan
**CD-Herstellung:** music support group GmbH, Eichenau

Printed in Austria
ISBN 978-3-902727-52-7

# Der unbekannte Soldat – die CD

**Titelliste:**

| | | |
|---|---|---|
| 01. | Exposition | 07:55 |
| 02. | day off | 04:17 |
| 03. | Was die Zukunft bringen wird | 07:59 |
| 04. | l'avant-garde | 04:29 |
| 05. | the trench | 05:13 |
| 06. | outpost | 04:09 |
| 07. | Gespräch eines Ministers mit Baron Tilling aus „Die Waffen nieder!" | 08:44 |
| 08. | the battle | 04:58 |
| 09. | Mars I – Morgenröte | 04:46 |
| 10. | ransom | 01:04 |
| 11. | Mars II – abas les armes | 08:46 |
| 12. | out on the fields | 00:52 |

**Gesamtspielzeit:** 63 Minuten

**Texte:**
Bertha von Suttner

**SprecherInnen:**
Angehörige des Österreichischen Bundesheeres,
Militärkommandantur St. Pölten
der Minister – Stefano Bernardin
Baron Tilling – Cornelius Obonya

**Musiker:**
Lukas Lauermann – Cello
Robert Maiß – Posaune
Stefan Frankenberger – Schlagwerk, Piano, Gitarre

**Aufnahme und Arrangement:** Stefan Frankenberger
Aufgenommen und gemischt im studio77/Wien
(www.studio77.at)